Inhalt

Serviceroboter für den häuslichen Bereich - Science Fiction wird Realtät

Kernthesen

Beitrag

Fallbeispiele

Weiterführende Literatur

Impressum

Serviceroboter für den häuslichen Bereich - Science Fiction wird Realtät

M.Hofstetter

Kernthesen

- Wenn Serviceroboter marktgerechter entwickelt werden würden, könnten diese viel häufiger im häuslichen Bereich zum Einsatz kommen.
- Für einen erfolgreichen Einsatz von Servicerobotern im häuslichen Bereich ist es wichtig, die Vorbehalte der Menschen gegenüber Robotik zu berücksichtigen.
- Serviceroboter im Allgemeinen sollten aufgabenspezifisch konstruiert sein, doch

dank eines modularen Konzepts können Kostenvorteile realisiert werden.
- Die Pflege von alten Menschen könnte sich in Deutschland zu einem wachstumsträchtigen Markt für Serviceroboter entwickeln.

Beitrag

Werden Serviceroboter am Markt vorbei entwickelt?

Noch gelten sie als teuer und unausgereift, bald aber sollen sie vermehrt Anwendung finden: Serviceroboter, die die unterschiedlichsten Aufgaben übernehmen können. Grundsätzlich lassen sich zwei Hauptarten von Servicerobotern unterscheiden: Serviceroboter für gewerbliche und häusliche Anwendungen. In der gewerblichen Anwendung kommen Serviceroboter vor allem in den Bereichen Sicherheit, Verteidigung und Rettung zum Einsatz, aber auch in der Medizin. Die höchste Verbreitung von Servicerobotern im Privatbereich erreichen Staubsauger- und Wischroboter sowie Rasenmähroboter. Bis Ende 2009 konnten laut der International Federation of Robotics (IFR) weltweit rund 5,6 Millionen Serviceroboter für den häuslichen Bereich verkauft werden, im gewerblichen Bereich waren es 76 600 Serviceroboter.

Doch Serviceroboter könnten sowohl im gewerblichen als auch häuslichen Bereich noch viel häufiger zum Einsatz kommen, wenn die Entwicklungen nicht die Bedürfnisse des Marktes ignorieren würden. Viele Lösungen seien zwar technologisch ausgereift, aber für die Anwendung einfach zu teuer, so Professor Dr. Henrik I. Christensen, Inhaber eines Robotiklehrstuhls an der Technischen Hochschule Georgia Tech in Atlanta. Er wünscht sich daher einen Wechsel von der technologiegetriebenen Forschung hin zu markt- und preisorientierten Entwicklungen. Wenn Kostendimensionen eingehalten würden, so der Lehrstuhlinhaber, könnten Serviceroboter die Märkte umfassend erschließen. So seien für Haushaltsroboter 200 bis 300 Dollar realistisch, im Gesundheitswesen liege die Kostengrenze bei rund 10 000 Dollar. Ebenso sollten Serviceroboter einfach zu bedienen sein, so dass auch Robotik-Laien gut mit ihnen zurechtkommen. (1), (2), (5)

Vorbehalte gegenüber häuslichen Serviceroboteren sind noch groß

Was können die Entwickler tun, um Serviceroboter

den Weg in die privaten Haushalte zu ebnen? Gegenwärtig stammen zahlreiche Serviceroboter für den Privatbereich aus Asien. Die Gründe sind, dass in Ländern wie Japan und Korea sowohl die Akzeptanz für Serviceroboter im häuslichen Bereich als auch der technische Entwicklungsstand sehr hoch sind.

Demgegenüber sind die Vorbehalte gegenüber Servicerobotern hierzulande noch vergleichsweise groß. Das heißt, es muss nicht nur die Technik immer weiter verbessert, sondern auch die Akzeptanz durch die Menschen gefördert werden. Nur so haben Serviceroboter im häuslichen Bereich, zum Beispiel in der Pflege, eine Zukunft.

Ist es dabei sinnvoll, Servicerobotern ein menschliches Aussehen zu geben, oder ist das für ihre Akzeptanz beim Nutzer sogar hinderlich? Asiatische Konzepte verfolgen bei Servicerobotern einen humanoiden Ansatz, bei dem Serviceroboter dem Menschen möglichst ähnlich werden sollen. Europäische und amerikanische Forscher dagegen reduzieren den Serviceroboter viel stärker auf seine Funktion. Ganz gezielt werden die Systeme auf spezielle Aufgaben zugeschnitten. Das soll verhindern, dass die Erwartungshaltung an den Serviceroboter zu hoch ist und Anwender enttäuscht werden, weil er doch nicht so individuell und vielschichtig agiert wie ein Mensch. [(1)](), [(3)](), [(4)]()

Autonomie und modulare Konzepte sind Voraussetzungen für den Erfolg

Serviceroboter sollten weitgehend autonom sein, das heißt anhand von sensorischen Wahrnehmungen selbstständig auf veränderte Einsatzbedingungen reagieren können. Sie müssen sich frei im Raum bewegen, ihre Umwelt erkennen, Objekte handhaben und mit Menschen kommunizieren. Autonomie bedeutet bei Robotersystemen eine geringere Abhängigkeit von äußeren Informationen, zum Beispiel von Programmen, die von Benutzern erstellt werden müssen. Autonome Roboter sind dadurch flexibel einsetzbar und müssen nicht oder nur in einem geringen Maße für neue Aufgabenstellungen programmiert werden. Dies ist besonders wichtig für Serviceroboter in privaten Haushalten, auch um die Akzeptanz bei den Nutzern zu erhöhen.

Auch wenn Serviceroboter immer aufgabenspezifisch gestaltet werden, spielt es für Grundfunktionen zunächst keine Rolle, ob sie in der Industrie eingesetzt werden oder im häuslichen Bereich. Deshalb spricht vieles für modulare Konzepte, die Kostenvorteile mit Flexibilität kombinieren. Applikationen, die aus dem Baukasten heraus konstruiert werden, sparen zudem Entwicklungszeit und verschaffen gerade auch robotikfremden Wissenschaftlern ein hohes Maß an Flexibilität und Sicherheit. In Europa und den USA gibt es bereits einen klaren Trend zu modularen Systemen, so dass sich Hard- und Softwaremodule für einzelne Funktionen immer weiter optimieren und zu individuellen Applikationen zusammenfügen lassen. (4), (6)

Trends

Serviceroboter als Pfleger-Ersatz für deutsche Senioren

Experten sagen Servicerobotern für komplexe Tätigkeiten im Haushalt oder in der Pflege einen Boom voraus. Grund ist der demografische Wandel: Menschen werden immer älter, und Pflegekräfte stehen in nicht ausreichender Zahl zur Verfügung. Doch wollen Senioren überhaupt von Servicerobotern gepflegt werden?

Antworten liefert eine vom VDE (Verband der Elektrotechnik Elektronik Informationstechnik) durchgeführte Umfrage zur Akzeptanz von

Servicerobotern bei älteren Menschen. Unter den befragten Senioren lag die generelle Zustimmung zu Servicerobotern bei 56 Prozent. Allerdings polarisiert die Bewertung der Robotik bei älteren Menschen erheblich stärker als bei den anderen Gruppen: 40 Prozent der Senioren lehnen die Servicerobotik im Alltag spontan ab. Offensichtlich haben viele Zweifel an dem Nutzen und der Alltagstauglichkeit sowie an der Funktionsfähigkeit und intuitiven Bedienbarkeit der Roboter. 60 Prozent der befragten Senioren empfinden Robotik sogar als unheimlich. Generell ist der Wunsch nach einer selbstständigen Lebensführung ein starker Faktor für die Akzeptanz. Fast die Hälfte aller befragten alleinlebenden Senioren könnte sich ein Leben mit Robotern vorstellen. (1)

Fallbeispiele

Friend - Freund des Menschen

Der autonom agierende und damit einfach zu bedienende Serviceroboter Friend aus dem Forschungsprojekt Amarob soll körperlich schwer beeinträchtigte Menschen unterstützen. Friend ist mit einem Leichtbauroboterarm mit sieben Gelenken ausgestattet. Mit ihm können Nutzer trotz einer schweren Behinderung Objekte in typischen Alltagsumgebungen greifen und bewegen. Er lässt sich je nach Behinderung auf unterschiedliche Art bewegen: visuell über einen Bildschirm, verbal über eine Sprachsteuerung, haptisch über eine Kinnsteuerung oder künftig sogar per Gedankenkraft über eine Messung der Hirnströme. (4)

Casero - kundenspezifische Ausrüstung

Das fahrerlose Transportfahrzeug Casero ist im Rahmen des Wi-Mi-Care-Projektes entstanden. Das von MLR System entwickelte Basisgerät besitzt eine Plattform, die sich mit kundenspezifischen Aufbauten für Wäsche-, Koffer- oder Aktentransporte ausrüsten lässt. In Hotels, Krankenhäusern oder Pflegeheimen soll auch die direkte Bedienung von Gästen oder Patienten mit Speisen und Getränken möglich sein. Die Breite von 600 Millimeter sowie Kinematik, Federung und Radlasten des fahrerlosen Transportfahrzeugs sind so ausgelegt, dass Flure und normale Türöffnungen in öffentlichen Gebäuden be- und durchfahren werden können. Das Navigationssystem kommt ohne künstliche Landmarken aus. Stattdessen orientiert sich das Fahrzeug in seiner Umgebung an natürlichen Umgebungsmerkmalen wie Wänden, Nischen,

Durchgängen und Säulen. Über einen Touchscreen, kombiniert mit einer mehrsprachigen Kommunikationssoftware, wird der Nutzer im Dialog mit dem Fahrzeug in die Bedienung eingewiesen. (7)

Weiterführende Literatur

(1) VDE-Studie zu Servicerobotern Roboter erobern bald Haushalt und Pflege
aus www.elektrotechnik.de vom 22.03.2011

(2) Die 5. Schunk ExpertDays finden vom 19. 2. bis 1. 3. 2012 statt Serviceroboter In der Servicerobotik liegen Potenziale brach
aus www.elektrotechnik.de vom 28.02.2011

(3) Pflegende Roboter ringen um Akzeptanz Weil angesichts der demografischen Entwicklung und der Fortschritte in der Medizin irgendwann die Jüngeren fehlen werden, um die Älteren zu betreuen, wird intensiv an Service- oder Pflegerobotern gearbeitet. Die Technik ist aber nur die eine Seite der Medaille, die Akzeptanz dieser maschinellen Helfer seitens der Gesellschaft die andere.
aus MM MaschinenMarkt Nr. 025 vom 21.06.2010 Seite 022

(4) Robotertechnik Modularität als Schlüsselfaktor in der Servicerobotik
aus www.maschinenmarkt.de vom 22.04.2010

(5) Roboterindustrie Roboterverkäufe ziehen weltweit kräftig an
aus www.maschinenmarkt.de vom 20.09.2010

(6) Autonome Roboter mit sensorbasierter Bahnplanung Ansätze zur Steigerung der Autonomie durch verbesserte Umweltwahrnehmung
aus Industrie Management, Nr. 1, 2011, 21-24

(7) Fahrerlose Transportsysteme Dienstleistung mit fahrerlosem Transportsystem
aus www.maschinenmarkt.de vom 21.01.2011

Impressum

Serviceroboter für den häuslichen Bereich - Science Fiction wird Realtät

Bibliografische Information der deutschen Nationalbibliothek

Die Deutsche Nationalbibliothek verzeichnet diese Publikation in der deutschen Nationalbibliografie; detaillierte bibliografische Daten sind im Internet über http://dnb.d-nb.de abrufbar.

ISBN: 978-3-7379-1118-4

© 2015 GBI-Genios Deutsche Wirtschaftsdatenbank GmbH, Freischützstraße 96, 81927 München, www.genios.de

Alle Rechte vorbehalten. Dieses Werk ist einschließlich aller seiner Teile – z.B. Texte, Tabellen und Grafiken - urheberrechtlich geschützt. Jede Verwertung außerhalb der Grenzen des Urheberrechtsgesetzes bedarf der vorherigen Zustimmung des Verlags. Dies gilt insbesondere auch für auszugsweise Nachdrucke, fotomechanische

Vervielfältigungen (Fotokopie/Mikroskopie), Übersetzungen, Auswertungen durch Datenbanken oder ähnliche Einrichtungen und die Einspeicherung und Verarbeitung in elektronischen Systemen.